Adriano Schiavo

Atemzüge eines Dichters

Konzept 1

Adriano Schiavo

Die Atemzüge eines Dichters

Konzept 1

Im Fluss des Lebens

Bibliografische Information der Deutschen Nationalbibliothek: Die Deutsche Nationalbibliothek verzeichnet diese Publikation in der Deutschen Nationalbibliografie; detaillierte bibliografische Daten sind im Internet über http://dnb.dnb.de abrufbar.

Verlag: BoD · Books on Demand GmbH, Überseering 33, 22297 Hamburg, bod@bod.de

Druck: Libri Plureos GmbH, Friedensallee 273, 22763 Hamburg

ISBN: 978-3-8192-0873-7

Dieser Buchband hat eine große Auswahl an Texten die experimentell sind und die einen gewissen freien Fluss besitzen und aus der Intuition des Schreibens entstanden sind. Sie behandeln Themen wie Trauer, Verarbeitung von Erlebnissen oder einfach den poetischen Charakter.

Viel Freude mit dieser Lektüre wünscht, Adriano Schiavo

Geschrieben 02.04.2025

apitel Eins

Das Leben ist kostbar

Wenn ich mir eine Frage stelle, dann die, wie funktioniert das Leben. Das sollte sich nicht von selbst erklären. Um darauf eine wirkliche Antwort zu bekommen, muss ich die Begebenheiten abrufen die in meinem Leben prägend waren und sind. Da beginne ich mit einem einfachen Beispiel. Schon früh musste ich lernen zurechtzukommen und eigene Wege zu gehen. So machte ich die ersten 4 Lebensjahre die Erfahrung was es bedeutet zu leben. Jeder möchte leben, also sein eigenes Leben in die Hand nehmen. Das ist gar nicht so einfach wie man denkt. Denn schon früh musste ich mit der Umgebung klarkommen. So gab es verschiedene Situationen mit denen ich umgehen musste. Heute weiß ich es gibt viele Wege sein Leben in den Griff zu kriegen. Einer davon ist Arbeit und Freunde. Freunde sind wichtig. Sie zeigen einem das Leben. Freunde sind füreinander da wenn es drauf ankommt. Alles was wir über Freunde wissen sollten ist. Sie prägen uns.

…von der Sicht der dinge halte ich wenig doch dann in tiefem Schmerz erzähle ich gekonnt meine Taten in der selben Stunde, und wie auch immer du bist, so kriege ich den Halt des Lebens in seiner vollkommenenen Kraft…

„Die unscheinbaren Schatten, die von der Straße fegen, geben den Weg frei für das Licht. Ein Lichtstrahl bricht mit solcher Intensität herein, das er dem Dunkel zuvorzukommen scheint. Das eigentümliche daran ist, dass auch die Weglosen, denen der Weg zu fehlen scheint, eine eigene, unerklärliche Natürlichkeit in sich tragen. Sie sind dennoch in etwas Sinnvolles behaftet. So wird auch dem, der aus sich herausruft, ein Geheimnis offenbart, das viele Tücken birgt. Diese Tücken laden ein, dem Geheimnis auf den Grund zu gehen. John entscheidet sich, in diesem Moment zu leben, so wie er ist. Doch bald erkennt er, dass es mehr gibt. Denn aus der Sicht eines anderen zeigt sich seine Vernunft nicht in den Handlungen, die er als seine Wahrheit betrachtet, sondern in einem Schatten, der ihm immer wieder entgleitet. Der Moment der Angst wird groß, und er fragt sich, ob es jemanden gibt, der von innen nach außen lebt. Jemanden, der versteht, was es heißt, zu leben. Und so entscheidet sich John schließlich, anders zu leben – nicht mehr von außen bestimmt, sondern aus sich selbst heraus."

<u>Der Beginn eines Lebens</u>

Es ist Tag sprach John. ja das weiß ich entgegnete ihm sein Bruder. Nun ja dann lasst es beginnen. Das Fest hatte einen Glanz inne, sodass die Stimmung zu kippen schien. Ich weiß ja nicht wie du das siehst John, doch freue ich mich dich zu sehen, sagte Tom. Tom schüttelte John die Hand. Es lag eine Aufbruchsstimmung in der Luft. Es ist Tag sagte John zu seinem Bruder. Ich weiß, sagte Tom. Ihr fragt euch sicherlich ob dies die Anzeichen einer Wiederholung sind. Doch ich muss gestehen, dass diese Aussagen eine Entwicklung in Gang setzten, deren Ausgang noch nicht abzusehen war. Nun weiß ich, dass ich ein Schriftsteller bin der sein bestes gibt. Lasst die Worte fließen und lehnt euch entspannt zurück. Die Einzigartigkeit dieser Geschichte beginnt hier in diesem Buch und Augenblick.

Das Fest steuerte einer Eskalation entgegen.

Ein unruhiger Mann tanzte etwas merkwürdig, ich fragte mich ob er betrunken war, doch das schien nicht der Fall zu sein. Er blickte mich an, ich schweifte meinen Blick nach rechts in Richtung Barkeeper. Die moderne Musik war genauso gut wie der Rest der Gäste. Ich setzte mich an die Bar und bestellte ein Bier. Eine Frau mittleren Alters kam auf mich zu. Ich bin Carina, und du?. Ich wusste nicht was ich sagen sollte. Schön dann wäre der Name geklärt sagte ich in einem humorvollen ton. Carina wirkte locker und gesellig. Dann quatschen wir jetzt über dich, fragte ich. Nun ja ich will nicht quatschen, sagte ich. Ich will tanzen, kommst du mit? Ja, sagte sie sichtlich amüsiert. Der DJ legte eine berauschende Musik auf und die Gäste kamen auf den Geschmack und tanzten ausgelassen. Ich kann nicht sagen wie, doch irgendwie wusste ich nicht was passierte. Die Geräusche waren auf einmal so nah und die Töne schienen eine andere Wirklichkeit auf mich zu haben. Ich lies mir das nicht anmerken und tanzte weiter mit Carina. Ich hatte auf einmal das Gefühl einer inneren irrationalen Angst. Mein Atem beschleunigte sich so als wäre ich in Panik.
Auf was steuerte das wohl zu? Ich wusste es nicht. Lass uns gehen sagte ich mit einem gezwungenem lächeln. Jetzt schon? Ok na gut entgegnete Carina. Ich lief an der Menschenmenge vorbei und mein Bewusstsein schien über mir zu schweben. Doch war das real? Ich wusste es nicht. War ich gerade noch in bester Laune und Verfassung schien ich wie von der Welt entrissen in eine Art Traumwelt die ich nicht erklären konnte.

Alles hatte so seine Bedeutung und meine Realität in diesem Augenblick schien zu verschwimmen.

Lass uns morgen auf einen Kaffee treffen sagte Carina in einem harmonischem Tonfall der mich wieder beruhigte. Ich sagte ja gut doch vorher…ach was solls, wird schon klappen, sagte ich mit fester Stimme.

Weiter vorne in der Geschichte…

John wandte sich um und sprach zum Spiegel. Lass es gut sein ich kann nicht mehr. der Spiegel antwortete ihm: du bist auf der richtigen Reise…pass auf was mit dir passiert, ich denke du gehst den Weg weiter.

John verlor sein Bewusstsein auf eigentümliche Art und Weise, sein Traum mit dem Spiegel und seine damit verbundenen inneren Ängste kamen wieder zum Vorschein.
Ich weiß nicht was ich tun soll ich brauche keinen Arzt sagte John als er wieder aufwachte.
Ich brauche eine innere Harmonie sprach John weiter.

Du bist wieder wach sprach mein Bruder Tom zu mir.. Alles ist okay. Kein Traum und keine Angst, sagte er.
Es ist unerklärlich sagte ich warum gibt es diese Ängste überhaupt die ich nicht erklären kann. Das muss doch irgendeine Bedeutung haben was denkst du?, fragte ich Tom.
Gib mir deine Kraft, sagte ich zu Tom. Er entgegnete die Kraft liegt in dir, ich verspreche dir eines Tages wirst du sie in dir entdecken und dann im Großen spüren, Tom fügte hinzu wenn du bereit und gereift bist.

Ich wollte weiterleben und spürte den Kampf der in mir stattfand und dann kam mir plötzlich wieder dieser Traum in den Sinn, diesmal war es etwas anderes was mich beunruhigte.

Mein Bruder weigerte sich den derzeitigen Bedingungen zu ergeben und sah keinen Sinn an diesem Ort zu bleiben in dem Traum beschloss er von diesem Ort zu gehen. Ich weiß nicht was ich tun soll sagte Tom, es wird so sein wie es ist, die Entwicklung der Schuldzuweisungen hat keine Kraft mehr über mich. So entgegnete ich ihm mit weiser Nachsicht und sagte zu Tom, du kannst es schaffen es wird nichts schlimmes passieren. Was soll ich hier?, fragte Tom energisch. Ist diese Arbeit wirklich erfüllend? Nein, ich glaube das monotone Falten von Papier macht keinen Sinn und mein Chef kommandiert mich nur rum. Also was tun? Und der Traum ging weiter, wenn du Schritt für Schritt weitermachst kommst du an dein Ziel Tom. War das wirklich so oder nur eine leere Phrase. Tom glaubte daran, weil er ein guter Mensch war, doch sein gesunder Menschenverstand sagte ihm etwas anderes.

John wandte sich zu Tom und untersuchte seinen Atem. es lag ein rauer Ton in der Luft und die Umgebung schien beängstigend. warte Tom ich muss dir was sagen. John drehte sich auf die rechte Seite und schwieg. Es ist dein letzter Wille sprach John. Tu das was du am besten kannst und lass dich nicht unterkriegen. Tu ich ja und das ist Schreiben und Kunst was soll ich sonst tun? Tom wandte sich gerade zum Gehen und sagte, pass auf dich auf ich muss jetzt los.

…Jetzt folgen im nächsten Abschnitt dieses Buches kurze philosophische Themen die ich bespreche, und dann am Schluss noch einige Gedichte die ihr genießen könnte. Danke fürs Lesen…tut euch was gutes auf jeden fall…

Kapitel Zwei

Eine kleine Reise der Gedanken

Es gab sie die Tage an denen wir tanzten, uns wunderten und natürlich alles bezahlten. Mit unserem Leid. Dem schwarzen poetischen Leid. Jeder lebte für seinen sicheren Hafen im Herzen. Doch die Veränderung des poetischen Herzens war zu erwarten. Sie waren im Einklang, die großen Herzen unserer Meister der Poesie. Deshalb gab es weder Raum noch Zeit die diesem Phänomen nachgingen. Abseits der Zeit begann ich zu Träumen, mein Herz begrüßte diesen Traum als Teil seiner Angelegenheit. Die Menschenmenge zeichnete den Gedanken des Friedens. In umhersehenden Blicken sah ich die Gefahr, welche durch die nicht erklärbare Angst, sich wie ins Nichts auflöste. Diese Gefühle benahmen sich wie gefestigte Strukturen und hatten zeitlebens keine Bedeutung mehr.

Was weiß ich schon vom Leben, fragte sich John. Ist das Leben gut? Kann ich es besser leben? Diese Frage stellte sich John. Ich merkte auf. Und dann geschah es ohnegleichen aus dem Gefühl heraus. Es war einfach perfekt. Johns Gedanken hatten den Anschein geweckt die innerliche Veränderung zu akzeptieren.

Das ist kein Ding der Unmöglichkeit, denn durch das Denken scheint einiges konkreter zu werden und dann folgt die Gewissheit des Natürlichen.
Die Dankbarkeit. Es scheint ein innerliches Konzept das sich an erinnernde Momente hängt, die die Zeiten der Gedanken in ein helleres Licht rücken mit einem gültigen Ausdruck der Seele.

Zum einen die Tugend die besagt, das es möglich ist sich für seine Gefühle und Gedanken zu erstreben, was bedeuten könnte, eine schiere Möglichkeit des Traumes zu deuten und diesen im Strom des Weltenlaufs zu setzen und dabei glücklich zu sein.

Kapitel drei

Es war zeit.. sie spukte in den einstigen Gemäuern des Hafens keinerlei Anzeichen für eine lebendige nacht doch die stunde war gekommen. Die hellsichtigen menschen aus ihrer Vergangenheit schöpften ich weiß nicht wie ich weiß nicht warum das geschehen musste. Die Zeichen.

 Es war die zeit Inder Geschichten geschrieben werden mussten so das ich aufmerkte. Die Beharrlichkeit zahlte sich aus der Lohn war behindert. Das einzige was jetzt zählte war die Geschlossenheit in der Dauer der vernichtung so lasst sie leben von Jugend an. Es gibt sie die bilateralen Gesellschaftsschichten ohne dem geheiß ein verhör zu machen. Ich gebe Kleinbei ohne zu wissen das dieser Makel sich an Bewunderung auszahlen wird. Das gespenstische dabei ist welchen vermerk man ihr zuweisen möchte. Und dennoch vernahm ich die Gelegenheit die Zuversicht mit Beispielen einzuladen. Jeder der jetzt aufhorcht weiß was damit zu Rechnung getragen wird. Es gibt phänomenale Zeiten in denen wir unser Leben Revue passieren lassen so auch in diesem Moment. Zu Zeiten des nie enden wollenden Sturmes erhebe ich die Absicht noch einmal Kleinbei zu geben mein verehrtes Publikum. Zudem ist es wichtig ein kleines Beispiel einzuladen. Nehmen wir an sie überlegen es sich anders und wiederum dadurch erleben Sie es anders ja dann sollte für die eigene Zuversicht ausgesorgt werden. Sodas wir ein eigenes momentum anstreben und die Wirklichkeit damit bezahlen. Wiederum anders ist es wenn sie ins spiel kommen die Gauner unserer zeit denn die versuchen auf gutdünken der musischen Beziehungen ein geliehenes geleit der presse zu erhaschen.

Es ist in einem von Ungleichgewicht gefolgten sinnen zu erleben. Die Vernunft legt sich mit der Ratio an und es gelingt ein bisschen zu deuten was einst verborgen lag. Die unterschiede scheinen kaum merklich zu schweifen und es scheint kein unterschied erkennbar zu sein. Doch trotzdem vereint uns dieses einzige Gelübde der Hoffnung zu einem Schulterschluss der Vernunft.

Es umgaben sich Zeichen der Vernunft die es zu schonen gilt und unwegsame Eigenschaften die nicht verlorengehen dürfen um damit dem vielschichtigen kein ende zu bereiten.

Von einer höheren Macht ausgehend, und diktierend lassend.

Es war einmal zu gegebener Zeit. In denen Ehrlichkeit und Trugschluss lagen. Zu diesem Beitrag lassen sich Vieldeutigkeiten zeigen. Die angeborene Vernunft lässt sich aus dem Dickicht der Vielschichtigkeiten erweisen. Darunter zählen Vernunft, Hindernis und Begabung.

Es schmerzt mich sehr zu sagen, das die unteren Einheiten keine Einigkeit erweisen und somit keine Bedeutung beigemessen werden kann. Es gibt sie die Justiz von Eigenschaften die dem Glauben beigemessen werden können und in der Beachtung liegen. Das Schöne daran ist, das aus der Gleichung der Eigenarten ein Instrumentarium der Eigenschaften genannt werden dürfen.

Es gibt Szenarien die an Vieldeutigkeit gewinnen und in denen der große Trost liegt. So auch in dieser Inschrift die zutage tritt. Die Genauigkeiten dieser Art unterliegen dem Bedürfnis einer besonderen Art die sich dadurch zeigt jedem wohlgesinnten zu sein.
In dieser Anmerkung unterliegt es dem kleinsten Beweis um sich der Tugend genauer bewusst zu werden. Und sich in diesem Stilmittel zu unterweisen. Ganz besonders dürfte dabei sein, dass sich die Einigkeit zwischen Ratio und Vernunft klären lässt. Und dabei darf man nicht vergessen das ein gewisser Teil zur besonderen Sorte gehört.
Auch wenn dies nicht erscheint gelten Richtlinien die sich aus dem Wort ergeben und die sich bestücken lassen. Das gute daran ist das man Freude hat und diese an andere weitergibt was einem möglich ist. Das gute daran scheint zu sein das sich viele schichtigkeiten in einer zeit zur anderen gelöst wird. Es ist ein Hauch in der Gegend der sich innen breit macht und der zum anderen ersichtlich ist. Ich hoffe das viele sich bereit zeigen und dem anderen aufschlüssig zeigen das ist auch das gute und ist vielversprechend in einer guten art.

VIER

Der grüne Tisch sah sich zu kein grüner Tisch zu sein. Es war die Begegnung mit dem Lieferanten.
Ich hatte keine Wahl ihn zu bezahlen. Der junge Mann hatte einen Koffer bei sich. Er begegnete wiederum der grünen Dame in Grün. Bis alsbald die Zunft der Vernunft sich zusammensetzte zu einem Glas Wein. Die zeit in der er zu sich kam war die zeit des Aktenkoffers. Mitunter schienen ihn die Leute zu hassen was wiederum kein Bestand hatte. Kerzengerade setzte er sich aufs Bett in Anlehnung an die Marionetten. Es war punktgenau eins. Es war kalt. Die Türen knallten zu und am Rande war Totenstille. Ich glaube nicht an eine unlösbare Aufgabe und schon gar nicht an Dinge die ich nicht erklären kann. Was ich aber glaube ist das es still wird. Ohne Seufzen kein Umstand, Ich glaube nicht an irgendwelche Herrenländer die es mit mir aufnahmen. Schon gar nicht an Carl Justus. Der betrübt in die runde schaut. Hast du heute schon was gegessen fragte er verdutzt nein brauche ich nicht ich bin satt. Sagte er in einem bitteren Tonfall. Wie du meinst irgendwann werden wir diesen verdammten Berg hinter uns lassen und dann sehen wir in das Land. Es ist gut zu wissen das es das Land gar nicht gibt und wir hier nur Gäste sind. Ich hoffe du weißt wovon ich dir erzähle. Es gibt sie nicht. Oder was meinst du. Ich für meine fälle lege mich schlafen. Du weißt wovon ich rede. Alsbald es Abend wurde. Und die Zunft war vom heute befreit sodass wir uns nicht mehr sehen konnten.

Es war zeit.. sie spukte in den einstigen Gemäuern des Hafens keinerlei Anzeichen für eine lebendige nacht doch die stunde war gekommen. Die hellsichtigen menschen aus ihrer Vergangenheit schöpften ich weiß nicht wie ich weiß nicht warum das geschehen musste. Die Zeichen.
 Es war die zeit Inder Geschichten geschrieben werden mussten sodas ich aufmerkte. Die beharrlichkeit zahlte sich aus der lohn war behindert. Das einzige was jetzt zählte war die Geschlossenheit in der Dauer der Verheißung so lasst sie leben von Jugend an. Es gibt sie die bilateralen Gesellschaftsschichten ohne dem

geheiß ein verhör zu machen. Ich gebe Kleinbei ohne zu wissen
das dieser Makel sich an Bewunderung auszahlen wird. Das ge-
spenstische dabei ist welchen vermerk man ihr zuweisen möchte.
Und dennoch vernahm ich die Gelegenheit die Zuversicht mit
Beispielen einzuladen. Jeder der jetzt aufhorcht weiß was damit
zu Rechnung getragen wird. Es gibt phänomenale Zeiten in de-
nen wir unser leben Revue passieren lassen so auch in diesem
Moment. Zu Zeiten des nie enden wollenden Sturmes erhebe ich
die Absicht noch einmal Kleinbei zu geben mein verehrtes Publik-
um. Zudem ist es wichtig ein kleines Beispiel einzuladen. Neh-
men wir an sie überlegen es sich anders und wiederum dadurch
erleben Sie es anders ja dann sollte für die eigene Zuversicht
ausgesorgt werden. Sodas wir ein eigenes momentum anstreben
und die Wirklichkeit damit bezahlen. Wiederum anders ist es
wenn sie ins spiel kommen die Gauner unserer zeit denn die ver-
suchen auf gutdünken der musischen Beziehungen ein geliehenes
geleit der presse zu erhaschen meine sehr verehrten Damen und
Herren.
Es ist in einem von Ungleichgewicht gefolgten sinnen zu erleben.
Die Vernunft legt sich mit der Ratio an und es gelingt ein biss-
chen zu deuten was einst verborgen lag. Die unterschiede schei-
nen kaum merklich zu schweifen und es scheint kein unterschied
erkennbar zu sein. Doch trotzdem vereint uns dieses einzige Ge-
lübde der Hoffnung zu einem Schulterschluss der Vernunft.
Es umgaben sich Zeichen der Vernunft die es zu schonen gilt und
unwegsame Eigenschaften die nicht verlorengehen dürfen um
damit dem vielschichtigen kein ende zu bereiten.

Von einer höheren Macht ausgehend, und diktierend lassend.

Es war einmal zu gegebener Zeit. In denen Ehrlichkeit und Trug-
schluss lagen. Zu diesem Beitrag lassen sich Vieldeutigkeiten
zeigen. Die angeborene Vernunft lässt sich aus dem Dickicht der
Vielschichtigkeiten erweisen. Darunter zählen Vernunft, Hinder-
nis und Begabung.

Es schmerzt mich sehr zu sagen, das die unteren Glieder keine
Einigkeit erweisen und somit keine Bedeutung beigemessen wer-
den kann. Es gibt sie die Justiz von Eigenschaften die dem Glau-
ben beigemessen werden können und in der Beachtung liegt. Das

Schöne daran ist, das aus der Gleichung der Eigenarten ein Instrumentarium der Eigenschaften genannt werden dürfen.

Es gibt Szenarien die an Vieldeutigkeit gewinnen und in denen der große Trost liegt. So auch in dieser Inschrift die zutage tritt. Die Genauigkeiten dieser Art unterliegen dem Bedürfnis einer besonderen Art die sich dadurch zeigt jedem wohlgesinnten zu sein.
In dieser Anmerkung unterliegt es dem kleinsten Beweis um sich der Tugend genauer bewusst zu werden. Und sich in diesem Stilmittel zu unterweisen. Ganz besonders dürfte dabei sein, dass sich die Einigkeit zwischen Ratio und Vernunft klären lässt. Und dabei darf man nicht vergessen das ein gewisser Teil zur besonderen Sorte gehört.
Auch wenn dies nicht erscheint gelten Richtlinien die sich aus dem Wort ergeben und die sich bestücken lassen. Das gute daran ist das man spaß hat und an andere weitergibt was einem vergolten ist. Das gute daran scheint zu sein das sich viele schichtigkeiten in einer zeit zur anderen gelöst wird. Es ist ein Hauch in der Gegend der sich innen breit macht und der zum anderen ersichtlich ist. Ich hoffe das viele sich bereit zeigen und dem anderen aufschlüssig zeigen das ist auch das gute und ist vielversprechend in einer guten art

Es ist erstaunenswert was Philosophie aussagt ein Geist der bestimmt und selbstsicher auftritt und damit ja damit lässt es sich leben. Die menschen sind außer sich vor Freude einen Philosophen zu sehen sie behaupten sogar ihnen ist das noch nie passiert das ein jemand immer allzusehr philosophische fragen in den raum wirft und dabei straight bleibt und sich auch damit auseinandersetzt denn das ist ein wichtiges Thema in unserer gesellschaft. Die wichtigsten Lebensfragen spielen eine besonders große Rolle gerade in unserer zeit ist es wichtig die Schnelllebigkeit zu hinterfragen und sie mit den Worten eines Philosophen zu beteuern. Es ist wichtig zu wissen dass das staunen in unserer zeit sehr bedeutend ist und das wir das überall um uns herum sehen können denn die Sache ist die das man mit Sprache so einiges erreichen kann und auch die menschen mit Philosophie begeistern kann. Und das ist das Zentrum um das sich alles dreht es ist die frage des lebens die frage nach einem Gott und zudem die frage unseres seins es spielt eine bedeutende rolle was wir über

uns denken und was wir in dem anderen sehen denn das ist von
großem belang und zeugt auch von der Verständnisfrage zum
lösungsorientierten Duktus der sprache der hier auch Geltung
findet. Ohne nach der frage nach dem warum bleibt der mensch
ein Wesen voller Fragezeichen die er nie aufklären kann wenn er
sich nicht damit beschäftigt. Also geht es in unserem ersten Kapi-
tel mit der frage des seins und seiner Bedeutung

Mehr als Sein in unserer Welt

Es ist wichtig zu wissen das wir uns immer die frage stellen wie
geht es weiter. Um mehr als Sein zu sein beantworte ich die frage
was das Sein ist und mit uns macht.

Zu allererst was ist Sein

Das Sein ist der Bewusstseinszustand der von jedem einzelnen
als sein eigenes Wesen wahrgenommen wird also das was uns
ausmacht und die liebevolle Gestaltung seiner selbst.

Hierzu ist anzumerken das ein besonderer Geist ein Geist der
Besonnenheit ist indem es darum geht alle seine kreativen Vor-
stellungen und Ideen auszuschöpfen denn darum dreht sich alles
in der Welt um die Vorstellungskraft seiner selbst und dem füh-
renden Duktus nachzuverhelfen der sich immer wandelt. Deshalb
ist es von Bedeutung zu erwähnen das der Geist des Menschen
eine Reise zu sich selbst sein kann und somit einen Wert schafft
der auch als solcher wahrgenommen werden kann. Ich verfolge
hiermit die Version von einem Leben das in seiner Geltung zu
einem Reichtum führt der von erhabener Toleranz und dem Ge-
sehenwerden zeugt. Jeder Mensch der danach trachtet sein in-
nerstes nach außen zu tragen und auch sein künstlerisches Wesen
in seiner Vollkommenheit auszuschöpfen weiß ist ein Talent. Es
ist wichtig anzumerken das einem Poet oder Künstler die Welt zu
Füßen liegen kann und das man dadurch auch einen inneren
drang verspürt zu schreiben und das ist das Gefühl das einen be-
gleitet.

Das nächste Thema ist das Innenleben
Von meiner Geschichte her kann ich sagen das mich vieles ge-
plagt hat ich an die Grenzen des Möglichen kommen musste um

innerlich erstens zu reifen und zweitens eine Resilienz aufbauen
musste um nicht in die alten Verhaltensmuster zurückzufallen die
konträr zur Gesellschaft sein würden um es so auszudrücken

Deshalb hat es für mich immer eine Rolle gespielt welche Seite
der Medaille ich betrachte ist es die Seite des Schmerzes oder
jedoch die Seite von Glück Liebe und treue. Um mich mit den
anderen menschen in Einklang zu bringen war es immer mein
Bedürfnis immer in Harmonie und Mut in der Gesellschaft zu
wirken damit mein beseeltes ich Ruhe findet und sich immer
kontinuierlich weiterentwickeln kann. In den ersten Schaffenspe-
rioden meines Ichs ist es mir zugefallen mittelalterliche bezie-
hungsweise romantische texte oder Essays zu schreiben die
wohltuend klingen damit das nicht an Bedeutung verlieren würde
ging ich davon aus das es in meinen texten die ich veröffentlicht
habe darum geht ein gewisses Kunstverständnis in der Sprache
zu bilden und eine melodische Spracheigenschaft zu verkörpern.
Diese Spracheigenschaft sollte auf den Leser überspringen und
ihn in eine Welt voller Zauber, Ironie und dem guten schöpferi-
schen Geist der Seele eintauchen lassen. Um diesen Artikel abzu-
schließen, keine Frage es werden weitere folgen, möchte ich sa-
gen das es in unserer Demokratie wichtig ist sich künstlerisch
mitzuteilen und nicht in irgendeine Form pressen zu lassen die
keinen Wachstum fördert.

Es gibt sie die tage an denen wir die Buchstabensuppe ausschlür-
fen, auf gepolsterten Stühlen sitzen und in einen dunklen be-
trächtlichen Garten spähen. Einfach zappendusteres Gewimmel.
Plötzlich ploppt ein Licht in dem abgesperrten Gehege auf.
Alles verlassen.
Hier war die Welt anders doch das Brot blieb gleich. Ich fragte
mich ob es wahrscheinlicher war ein Brot geschenkt zu bekom-
men als aus diesen Mauern zu verschwinden.

Der Pfleger sperrte die Tür auf und stellte den Suppenteller vor
mein Bett. Wo blieb mein essen so lange fragte ich nüchtern er
brachte ein „Guten Appetit" über die Lippen und verschwand
kurz darauf wieder. Wir alle hier hatten angeblich den sinnlosen
geist in uns der uns zu Verrückten machte. Er sperrte die Tür auf
und schaute nach draußen irgendwas bewegte ihn doch was war
das ich wusste es nicht
Ernüchternd stand ich hier ohne aufwarten hatte ich die Gegend
gescannt. Es war wie früher die duftenden Blumen schienen sich
im Schwall der Harmonie in ein großes Spektakel an Farben zu
verwandeln. Die Helligkeit des Baumes schien unausweichlich
keiner der es zu respektieren wusste dass der baum so war wie er
ist. Einfach schön und tiefsaugend in einer wunderlichen art und
weise der es ihm angehörte es war der verbotene garten der ihm
die zutrauliche Gegend verschaffte und keiner wusste warum es
so war nur einzig und allein er war sich seiner selbst gewahr. Es
schien bitterkalt zu werden die klirrenden Schneeflocken jedoch
verwandelten sich in etwas träumerisches in was gutes nur einzig
und allein ich und die Welt sahen sich vereint. Es war genug von
dem polternden Beifall den ich ihm mitgab es war zerfurchend
ein einziges Schauspiel ich wusste es nicht jedoch blickte ich ihm
in die Augen mit Beharrlichkeit.

er das tat na gut also mache ich weiter mit der Tatsache des
Glaubens den ich immer vermittelt bekam. Der kleine junge auf
der Straße wusste nicht warum er mich lächelnd anblickte doch
ich wusste genau er war ein guter junge aus adeligem hause das
ihm wohl offenkundig lag. Nichts als enge Gassen. In etwas gu-
tes die schlurfenden menschen hatten einen Tagtraum inne doch
das war dann stets vorbei ich wusste damit nicht dienlich zu sein
es hatte den Anschein ich verlor meine angst doch das war kein
hirngspinnst das war echt und das sah auch echt aus. Dem Freud-

schen Ansatz nach glaubte der Klient immer noch er zu sein obwohl längst die Zeichen gegen ihn standen er wusste einfach nicht mehr wer er war er schaltete das licht aus und schritt torkelnd raus o sprach er nur deutliches zeug wessen er sich nicht bewusst war es gab Sachen die mussten geheim gehalten werden doch der Auftrag war nicht so wie sie sich das alles vorstellten nein er war ein ganz besonderer er war der Auftrag des Lebens der einfach einen sinn hatte und der einfach einen sinn ergeben musste ich wusste nicht genau was im großen und ganzen dabei herauskam doch eines wusste ich es war richtig. Die Seite an der ich hing war das eine doch viel aufregender war die Tatsache des seins jeder ist so ob gebaut situiert oder aus der spräche heraus ein aufstrebender Charakter jeder kann den Charakter übernehmen der in ihm angelegt ist. So ist mir gemein dass der aufgebaute Satz des Pythagoras ein wichtiger in der Geschichte war da frägt man sich wie kann das sein das Ankathete und Gegenkathete von ihm so beschrieben worden ist wie es zu laufen hat das weiß keiner außer ihm selbst es gibt wichtige Zeichen in der Welt die nicht. Übersehen werden dürfen so auch nicht irgendwelche Gesetze die sich aus dem einen ergeben.

Es gibt sie die zeit die davon aufwacht irgendetwas gesehen zu haben denn dadurch stammt der geist der sich davon abbildet und ganz gewiss auch mit zu den besten Tugenden seiner zeit zählt. Das schließt hinfort von dem einen zu dem anderen. Es gibt die große ausnahme von der wir anerkennen müssen weshalb sich das ganze spiel in eine Leidenschaft umkehrt. Denn wer die Welt versteht versteht sich selbst es gibt keinen anderen der das übernehmen kann außer dir selbst es gibt verschiedene Anzeichen für die norm nur das plakative Konzept hat es in sich denn dadurch stammen die Eigenschaften die sich wie damals in mein Gedächtnis einbrannten. Aber Vorsicht war nicht geboten im sein den der Trugschluss war perfekt und hatte keine konstitutionelle Beziehung mehr ich hoffe das die Vergangenheit der letzten tage zeigt das das leben kurz sein kann denn durch den Tod meiner schwester ist vieles passiert die Unart die sich hieraus ergeben hat hatte keinen tieferen sinn auch wenn ich danach suche doch das war kein spiel das war auch echt ich erhebe die Besonderheit meines Glückes denn der Schmied hatte es in sich durchaus von vernunft geplagt und hatte keinen irrsinnigen Charakter der dennoch ihn in die höhe hob bis auf das kleinste Partikel hatte ich die

Sehnsucht in einem kleinem Provisorium das auch zur schau gestellt wurde durch das gluck das ich hatte ergab sich ein Konsens der vielstimmigkeiten denn sinn ist das was sinn macht es macht einen besseren menschen aus dir und ich bedenke auch die zeit danach von geraumen Eigenarten die sich in der zeit der Tugenden nicht noch einmal zu verschwinden drohten jetzt aber ist es in dieser hinsicht klar dass das auch noch erzählt werden müsste.

Die Tragweite dessen was den verstand bedient ist die Tragweite dessen was man aus ihm macht ein Transkript ergibt sich aus der Tatsache des Provisoriums und der Gedanken die darin enthalten sind. Der tag war grau die Straßen zeugten von einem ungeheuerlichen Geruch der die sinne zu betäuben drohte doch auch dies war nicht so wie es aussah denn der meister der tat bestand darin sich in einem Gefäße die vernunft anzueignen. Was sollte das sein ich wusste es auch nicht aber es war das Konstrukt des Glaubens der pathetisch auszuufern schien nicht nur das war genial nein auch die art und weise dessen was sich daraus zu ergeben schien schien ganz besonders ich hatte kaum einen Deut damit verbracht ihnen das Geheimnis anzuvertrauen aber dazu später mehr. Die Methoden die angewandt wurden erhielten einen Aufschlag der sich in besonderem maße der Eigenheiten zu ergänzen drohten bis hierhin und nicht weiter oder etwa doch? Nun ja es gibt nicht nur den einen Satz der alles besagt ich hatte hoffnung denn sie stirbt nicht ich hatte einiges zu verarbeiten doch die Geschichte sollte in einem guten Geschmack erzählt werden denn dadurch hatte ich die Einsicht erlangt die dazu verwendet wurde den bestand besser zu verstehen .

Die tatsache das aus dem gequollenem gold eine münze wurde ist real. Viele münzprägeanstalten zeigten akkurate stücke. Das reale leben wollte ihm nicht anheimfallen stattdessen suchte er sich einen Kollegen mit dem er alles besprechen konnte.

Die Zeiten ändern sich. Zumindest in diesem Augenblick. Es kann wehtun, wenn sich die
Gedanken im Weg stehen. Doch ist dies die Lösung nach der wir suchen? Weht der Wind so
können wir nicht die Stärke des Windes beeinflussen. Auch die Gedanken können einen Sturm
der Unzufriedenheit auslösen. Ist das wahr Giorgio, bist du dir ganz sicher, dass du dich nicht
mehr an mich erinnern kannst? Ich bins, dein Freund John. Es kann schon sein, das du John bist.
Doch ich kenne keinen John. Ich sah ihn fragwürdig und zugleich verzweifelt an. Doch du musst
dich an mich erinnern, ich bins dein Freund. Ich war den Tränen nah, doch eins wusste ich. Es
muss doch einen Weg geben um Giorgio zu helfen.
Ich musterte Giorgio. Wach auf!, dachte ich. In solchen Momen-
ten der Verzweiflung hilft nur eins:
Den Glauben nicht zu verlieren. Gott wenn es dich gibt, dann hilf! Ich helfe dir mein Sohn. War das
echt? Ist das Gottes Stimme? Der Krankenwagen in dem ich saß bog rechts ab. Auf einmal
sprach Giorgio in zittriger Stimme zu mir. Wage es nicht John. Du hast alles was du brauchst in
dir. Also vergiss nicht, den Pfad zu…was ist mit dem Pfad, was ist mit dem Pfad? Du darfst nicht
Giorgio du darfst nicht gehen. Und dann war es soweit. Der wa-
gen wackelte. Auch der Sanitäter
fiel auf den Boden. Was ist hier los? Fragte ich leise. Schwarz. Dann blau und an den rest kann
ich mich nicht erinnern. Ich spürte eine tiefe Leere in mir. Und erwachte aus dem Traum.
Es ist jedem klar was ein Traum ist.
John, ein junger Mann, verspürt die Sehnsucht, aus seinem Leben auszubrechen. Auf faszinierende
Art und Weise gelingt es ihm, sein Umfeld hinter sich zu lassen. Was ihm anfangs schwerfiel, wird

ihm schließlich zur Stärke: Er kämpft um seine Freiheit und steht
für andere ein. Auf seiner Reise
macht er sich auf die Suche nach seinem Vater, doch er muss er-
kennen, dass dieser ihn nicht mag –
eine Erkenntnis, die ihn tief enttäuscht, da er ursprünglich dachte,
die Beziehung sei anders.
„Die Hingabe des kleinen Jungen offenbarte eine tiefe Natur der
Vergebung. In seiner Unschuld
wusste er nicht, was geschah. Die Dunkelheit umhüllte ihn, be-
täubte seine Sinne, während der
Glaube in ihm wuchs, eines Tages wieder sprechen zu können.
Ich war gerade vier Jahre alt, als der
Schrecken seinen Lauf nahm. Der junge Italiener—ich—war ge-
fangen, gefangen in einem Auto,
das mein Zuhause geworden war. Konnte ich mich zu diesem
Zeitpunkt verständigen? Ich glaube
nicht. Ein Moment der schwarzen Ruhe gab mir nicht den Frie-
den, den ich mir erhofft hatte. Doch
um das Kapitel zu beginnen, braucht es eine Seite. Dies ist der
Anfang dieser dunklen Seite.“
Mein Vater lebte an einem Ort der Geschichte in sich trägt. Sul-
mona, eine kleine Stadt in der auch
der berühmte Dichter Ovid 4v.Chr. lebte. Italien ist der Ort an
dem alles begann.
Nun zu meinem Vater, ich weiß nicht viel über ihn. Doch die va-
gen Erinnerungen an ihn schöpften
in mir eine Art Hoffnung und etwas, was mich tief bewegt. Die
Angst vor dem Tod. Dazu ein
andermal mehr. Beginnen wir die Geschichte nicht in der Ver-
gangenheit. Sondern in der Zukunft
dem Jahr 2024. An einem Ort der ruhig und abgelegen erscheint.
Ich wache auf. Es klopft. Und es
ist nicht mein Herz. Die Tür springt auf und ich sehe eine Person.
Ich erkenne den Umriss nicht,
doch dann höre ich ihre Stimme. John steh auf es ist sieben, du
musst zur Arbeit. Und du bist spät
dran. Okay es war nicht meine Mum oder mein Dad. Nein es war
eine Person, besser gesagt ein
Pfleger.
Stop. War ich etwa in einem Altersheim gelandet nein. Ich hatte
einen Jungen im Zimmer der war

10 Jahre jünger als ich. Sein name war brad. Ich hegte eine Antipathie nicht gegen ihn sondern
gegen die Unfreiheit. War ich unfrei. War ich unfair?. Ist das alles real? Die Realität sah gut aus.
Damals und heute. War ich ein gefangener meiner gedanken? Nein war ich nicht. Herr Unmund
kam ins Zimmer und hegte einen Ausdruck der Langeweile in seinem Gesicht. Junge geh, im
Prinzip bist du mir egal. Sagte er nicht. Ich las es von seinen Lippen ab. Ich befinde mich im Jahr 10
dieser Einrichtung und ich hatte es nicht schlecht. Ein Zimmer mit einem netten freund. Und für das
leibliche wohl war gesorgt. Doch konnte ich damit meine Unfreiheit stillen fragte ich mich. Nein.Geh doch wenn du willst meinte herr unmund. Ich dachte mir friss oder Stirb. War beides schlecht.
Sollte ich etwa gehen. Einfach jetzt? Hmm das fragte ich mich gerade. Frau Froh erschien in diesem
Augenblick und meinte es ernst. Hey John ich wünsche dir einen schönen tag. Danke und ich
wusste die welt war wieder eine andere. Von tiefschwarzem verzweifeln bis zum frohen sein alles
war dabei. Die Einrichtung hatte auch ihre guten Seiten. So lasst uns in die Vergangenheit gehen.
„Der Abend war ruhig, doch die aufgeschlossene Art der Bürger erweckte in mir eine eindringliche
Tiefe. Schließlich war es der Tag, an dem sich meine Eltern kennengelernt hatten – ein Sommertag,
der die Nacht lang und voller Möglichkeiten erscheinen ließ.
Leo, der aus Sulmona stammte, fuhr mit seinem Wagen rechts ran. Hinter ihm stieg die Polizei aus
und verlangte seine Fahrzeugpapiere.
„Danke für Ihre Mitarbeit", sagte der Beamte mit einem freundlichen Lächeln.
„Kein Ding, mache ich doch gerne", entgegnete Leo und fuhr weiter in Richtung Freiheit. In seinem
Kopf kreisten Gedanken: *Mann, ist es in diesem Land chillig! Die netten Leute und meine Arbeit –
alles scheint gleich zu sein. Keine Entwicklung, nur funktionieren. Geht mir das auf den Sack! Was
wohl heute Abend hier los ist?*

Die Ampel wurde rot, während grölende Fans die Straße über-
querten. Und so begann der Anfang
eines Verbrechens, von dem niemand wusste, wie es ausgehen
würde. Doch dazu später mehr.
2024, irgendwann im Frühling, an einem regnerischen Tag. „Auf-
stehen, John, du musst zur
Arbeit.““
„Ich weiß es", sprach John mit zerknirschten Zähnen. Als ich
aufstand, überkam mich ein unruhiges
Gefühl im Bauch. War es Angst? Ein kurzer Schmerz? Ich ging
in die Küche, wo auch die anderen
saßen—Leute, mit denen ich gut auskam. John schaute nervös
auf die Uhr.
„Mist", murmelte er. „Hoffentlich komme ich nicht zu spät."
Willi, der Busfahrer, schien keine Geduld mehr zu haben. „John,
du musst dich zusammenreißen",
dachte er sich, auch wenn er es nicht laut aussprach.
Die Tage zogen ins Land, und mir wurde bewusst, dass sich et-
was ändern musste. John hatte es
nicht mit Struktur. *Tu das, tu dies*. Sein Vater schwebte in seinen
Gedanken, wie ein Schatten, den er
nicht loswerden konnte.
1989.Leo fuhr mit seinem Wagen in Richtung Hostel. Plötzlich
wurde er überrascht. „Mist, was
wollen die von mir? Das darf nicht wahr sein", dachte er und sah
in den Rückspiegel. Doch
da war nichts zu sehen. Ein unwohliges Gefühl umfing ihn—es
war wie ein Traum, aus dem
er nicht erwachen konnte.
„‚Der Irre‘, dachte ein Fahrer im schwarzen Wagen. Ich weiß,
dass ich Leo bin und 45 Jahre alt. Ein
mystisches Zeichen—nicht im Inneren, sondern im Außen. Es
gibt eine Erklärung dafür, aber diese
Situation scheint unerklärlich.
Leo stieg aus seinem Wagen und überquerte die Straße. „Ent-
schuldigen Sie, wie spät ist es?" fragte
er den Rezeptionisten im Hostel.
„Nun, wenn ich so sehe, genauestens 23:34", antwortete der Re-
zeptionist freundlich. „Darf ich
Ihnen etwas anbieten, mein Herr?"

„Eine Nacht bis morgen früh", sagte Leo hastig. „Das stimmt so."Das Hostel war ruhig. Die fröhlichen Erinnerungen an die Wände erinnerten Leo an seine Abschlussfahrt in der Jugend. Die Atmosphäre war friedlich. In den Gängen und der Lobby spielten junge Menschen Billard und Dart. *Das macht einen sehr guten Eindruck*, dachte Leo. *Mal sehen, was der Abend noch bringt.*"

2024 John sitzt im bus und unterhält sich mit willi. Willi traut ihm noch nicht so recht. Der Busfahrer willi fragte verwirrt, hey weißt du eigentlich wie schön die Sonnenaufgänge sein sollen?

Ja willi, sprach john ich finde die Gegend auch schön. Der Wald und der Tau. Es verliert sich am Spiel und Glanz der farben an diesem Morgen. Ich weiß nicht was ich fühlen soll. Irgendwie fühle ich gar nichts. Ist das etwa eine Vorsehung die mich umwirbt. Und schon war der Gedanke weg von John. Irgendetwas stimmte nicht. So stimmt sagte willi zu John. Die Geschichte von John: seine harte Jugend. John holst du den ball? Ja mach ich. Glauben Sie tatsächlich, das John es schafft. So jetzt wird's brenzlig ich pass auf dich auf es bleiben fragen die offen sind und die nicht alle beantwortet werden können. Mir wirft sich die frage auf warum diese Erinnerungen. Solche die eine farce sind. Kann ich mich ausdrücken und ist es wirklich so wie ich denke fragte sich John. Diese fragen in einem unerklärlichen geist werfen viele fragen auf

Es war Montag als Frau Froh, John aufweckte in der Einrichtung. Was tust du da, fragte sie angespannt. John erwiderte nichts. Und sie fragte noch einmal. Doch die tiefen Worte schienen John noch weiter zu beunruhigen. John dachte nach. Wird's bald? Fragte Frau Froh freundlich. Ein tiefer seelischer schmerz stach in Toms herz. War es Frau froh oder das trauma von damals? John sagte.

Ist gut kein Grund zur Aufregung. Er ließ sich nichts anmerken. Die orangenen Steintreppen auf dem weg zum bus ließen ihn wieder die Fassung bewahren. Hier an der Steintreppe hatte er seine

erste Liebe kennengelernt dazu später mehr.
Hallo Willi, sprach John freundlich Zefix du hast deinen Koffhier
flagga lassen. Ist gut Willi das
weiß ich auch. John setzte sich in den Bus und wurde ruhig. Net
dasd verschwindet und I weiß nix
davon gell? Okay Willi ich glaube das Gespräch ist beendet. So
nervig John willi auch empfand er
hegte ihm eine Sympathie ihm gegenüber.
Es regnete und man muss wissen das Johns Zustand sich ver-
schlimmert hat. Der zustand von tiefer
Betroffenheit wechselt zu einem inneren drang sich mitzuteilen.
Willi fragte sich warum isa jetzt so
staad? Willi, ich glaube mir gehts nicht gut. Die innere Betrof-
fenheit wechselte in eine ängstliche
Zurückhaltung und schien John in eine parallelwelt gleiten.
Glaubst du das ich meinen Zustand
aushalte willi? Ich werde auf dich aufpassen du musst keine
angst haben verstehst du. Weißt du
was, ich bin für dich da. Plötzlich bewegten sich die Augen von
John. Krieg ich ne decke willi.
Fragte John und seine angst wurde immer größer. Der regen hörte
auf zu prasseln doch die furcht
vor den irrationalen ängsten wurde größer. Wo ist mein handy
willi? Er blickte von der Fahrerseite
zu mir rüber. Liegt da, schau. Ich habe immer das Gefühl zu ster-
ben wenn die angst in mir auftaucht
.kann ich was dagegen tun? Ja sagte willi. Du darfst niemals auf-
geben. Verstehst du?
**John saß mit Willi im Bus. Die Morgenluft war frisch, und
der Wald um sie herum schien zu
leben.**
„Weißt du, Willi", begann John, „ich habe neulich über die Kunst
des Lebens nachgedacht. Es ist
wie eine ständige Weiterentwicklung, während die Welt um uns
standardisiert und gleichgültig
bleibt."s
Willi sah ihn verwirrt an. „Was meinst du damit?"„Es gibt so vie-
le offene Fragen", fuhr John fort. „Wir leben in einer getrübten
Welt, und doch
besteht Hoffnung. Die Erlebnisse, die wir haben, zeigen uns die
Möglichkeiten. Vielleicht sollten

wir die Regeln unseres Daseins hinterfragen, statt sie einfach hinzunehmen.“

„Das klingt tiefgründig“, murmelte Willi. „Aber was hast du damit vor?“

„Ich denke, ich will einfach leben. Um des Lebens willen. Und alles, was ich fühle, ist meine
Wahrheit. Aber manchmal…“, seine Stimme brach ab, „manchmal fühlt es sich an, als ob alles um
mich herum zerfällt.“
1989

Es ergibt einen Sinn der in mir wohnt ohne Sinn zu sein. Doch
was ist der Sinn, fragte ich mich nach einiger Zeit. Wie ein Vir-
tuose pflege ich den Gedanken zu zelebrieren ohne ein Wort zu
vergessen. Doch ist das schon eine weltbewegende Tat den Buch-
staben von A nach B zu hetzen um dann nur zu sagen das ist
Sinnhaftigkeit? Von wegen das ist leicht den sinn dahinter zu fin-
den mit zirkusartistischen wortgefügen komme ich auch nicht
weiter. Also tu ich das was man nun mal macht in der Situation
der höchsten Kreativität. Einen Absprung zu machen dieser text
entspringt aus dem gen von meinem vorherigen willkürlichen
versuchen einen text auf teufel komm raus zu machen und ja das
macht sinn zum ersten mal freue ich mich darüber das sinn nicht
schwer sein muss sondern auch locker flockig sein kann. Auch
für dich.

Es gibt sie die klänge die man hört und wahrnimmt egal ob mu-
sikalisch umrahmt. Von einer spielenden Gitarre oder einer flöte
die Musik ist nie gleich und auch das leben ist nie gleich. Sodann
mache ich mich auf um das leben zu erkunden mit seinen majes-
tätischen höhen und tiefen in dem raunen der zeit. Auch die tägli-
che Alltagsmelodie stammt aus lauten die wir von uns geben so
wünschen wir ein fulminantes Konzert aus orchestralen Zügen .
Anders gemeint Musik verbindet und schafft werte auch wenn
mir mein Abitur oder besser gesagt mein fast Abitur nicht weiter-
hilft was weiterhilft ist die liebe zu meinen freunden den a es
Wurscht is was i mach auf positiven sinne gemeint natürlich es
swar so schwer doch auch ein lächeln kann leicht sein so denke
ich zumindest sodann einen wohligen Abend euch.

Worte

Entspringen aus dem gedanken
Sind frei
Lösen spannungen
Wählt man mit bedacht

Wir wenden sie jeden tag an. Schreiben mit ihnen malerische
texte

Von fahlen gefilden umgarnt zu wissen erhoffen wir den tägli-
chen Trost
Steter tropfen höhlt den stein so ein Sprichwort doch auch in
konfliktsituationen werden Bandagen angelegt da wird deutlich
dass die Chemie nicht stimmt oder wir uns mit allen Mitteln
durchsetzen wollen

Nächster teil

Den Verheißungen auf der Spur

Sich in den kollegialen Kontext unserer eigenen Sinne zu bege-
ben verlangt kein hierarchisch gepoltes Verständnis der eigensin-
nigen Wahrheiten die in der geraumen Zeit zu verlustreichen
dennoch zwanghaften Eigenarten zu bestehen scheint.
Dennoch zielt der Betrachter auf die unwegsamen Eigenarten an
die sich im Laufe der Zeit bildeten und beträchtliche Spuren hin-
terlassen haben.

Dem augenscheinlichen Verlust wird in Abrede gestellt sobald
der Betrachter einen teils unsinnigen aber dennoch für ihn wich-
tigen Lebensabschnitt in Betracht gezogen worden ist.

Der Verlust des Kindes birgt einen zwanglosen in sich umgekehr-
ten verlust der nicht in Abrede gestellt werden kann ohne das es
der einzelne für möglich gehalten hätte
Doch für den einzelnen kaum möglich denn die Absichten beste-
hen aus gutem grunde
Ach wie wahr denn die Gutheißung auch ausfallen würde es gibt
immer was auszusetzen.
Doch die Genehmigung erteilt sich aus dem guten gewissen her-
aus das es im Umkehrschluss um die in Abrede gestellte Tatsache
einer Zwangsmaßnahme nicht anders hätte entschieden werden
können. So wurde nach dem gerichtlichen bestreben festgestellt
das demjenigen die Freiheit zustünde.

Dem Kern auf der Spur

So zieht sich die Zeit dahin in der ich versuche zu verweilen.
Nicht nur einen augenblick der getroffen zu sich scheint. Statt-

dessen gibt es die Beobachter die einen immensen schaden in
kauf nahmen um sich damit zufrieden zu stellen was ich einer-
seits nicht ganz zu verstehen wusste. Wie gesagt geht es darum
sich einig zu werden und nicht in das Fettnäpfchen zu treten und
dem risikoreichen Gewinner eine Abschrift zu erstellen. Dennoch
warne ich vor dem zunehmendem konsens den ich selbst ja auch
vertrete in einer zu sehr nachsichtigen art und weise wie ich es
pflege zu sagen. Ich hoffe es gibt die zeit die sich nicht stehlen
lässt sondern ein glückliches Geschenk für ein jeden von uns sich
einzustellen scheint. Es war ein guter tag der sich besonnen zeig-
te auch in der art wie ich es kenne

So schreitet der Gewinner in einem Zug aus Erleichterung und
glück in die weite Welt des seelischen Ichs. Die zeit verging
schnell und die Kurzsichtigkeit der Person hatte ein ende denn
die dinge an dem mann erschienen sonderbar und hatten einen
hohen Impuls inne. Soweit ich sehen konnte verlagerte sich das
spiel zu einem Fangnetz aus fischen dem der überdruß des Tei-
ches nicht gerecht wurde und somit zurück ins dunkle nass glei-
tet. Der fang war ein großer und wurde weltweit beherzigt und
hatte eine immense stimme inne. Soweit das äuge reichte auch in
der nachfolge der Hüter des rings erschienen sich die menschen
zu erholen. Nicht weit von hier in einer fernen Welt trug sich das
Ereignis zu das die menschen keine ruhe mehr Kannten und sich
anspornten das richtige zu tun auf besondere art und weise wie es
sich gehörte so dem Zuschauer einvernehmend ein schatten sei-
ner selbst vorauseilte.

Nächster teil

Es ist ein besagtes Institut die sogenannte „bredoullle" sie ist un-
scheinbar und dennoch da. John wanderte in den finsteren hallen
und fragte sich, was hat das alles mit mir zu tun? Der gedanke
ploppte auf und war immer präsent. Ein umumkehrbarer beweis
vermittelte ihm den Eindruck von leere. Er sah das licht und
dachte sich dabei das es nicht so schlimm sei. John brach auf zu
neuen ufern. Er schwamm und das sehr schnell und das in einer

zeit die die anderen unbehelligt ließ. Er wünschte sich eines, frieden. Doch warum dieser frieden wenn er doch alles haben könnte. Er weigerte sich das zu glauben und sogleich beschlich ihm das gefühl von Unbehagen. Doch eins nach dem anderen. Scheint John etwa zu glauben alles sei hoffnungslos. Diese annahme teilte er mit den anderen. Es war zeit dies zu ändern. Ist das frieden?, rief John. Wenn ja warum lasst ihr mich alle so alleine ich verstehe das nicht. Und so begann die reise ins ungewisse mit dem Zeichen des Friedens und der Erscheinung von menschen die das verstanden. Ich wusste nicht warum doch das klappte. Und so folgte das ungewisse

Wenn der Horizont schweigt

Das licht erblickte ich aus einer Mischung von „hey Leute hier bin ich nun" wahrscheinlich kannte ich das Wort „nun"damals auswendig doch wie kann das sein das gerade einmal ein kleiner junger mann mit einem solchen Geschrei auf die Welt kommt und versucht gerecht zu sein indem es einfach losbrüllt wie jeder oder jede andere auch die auf die Welt kommt. Nun ja die Geburt

verlief reibungslos alles klar alles kein Schimmer wird schon
irgendwie gehen das Leben und dann
Der Tod leben und Tod so nah beieinander doch hat er bei mir
schon mehrmals angeklopft und wollte nur sagen alles nach dem
Motto ich krieg dich nicht warum krieg ich dich nicht wahr-
scheinlich lag das an meinem unfassbaren Lebenswillen eine an-
dere Antwort gibt es nicht. Zumindest bisher nicht.

Die Konsequenz

Die Straßen waren unruhig sie glitzerten im Schein der sich dar-
bietenden menschen. Alles war hektisch selbst die Uhren schie-
nen schneller zu ticken als die menschen gingen es lag eines in
der Luft. Ärger. Ach du scheisse Simon guck mal wer da läuft. Ja
was ist denn Martin. Da ist die Polizei ich glaub wir müssen flie-
hen. Wenn wir jetzt fliehen sind wir für immer im Knast. Scheiss
drauf wir müssen nichts wie weg hier. Simon ist doch nur ne Po-
lizeikontrolle also was kann der schon gegen uns ausrichten. Du
bist cool Martin sagte Martin in einem ruhigen Ton. Die Polizei
klopft an die Scheibe des Autos. Führerschein und Fahrzeugpa-
piere bitte. Hab ich nicht sagte Martin dann folgen sie mir sagte
der Uniformierte Aber warum sollte ich einem so beknackten
Polizisten folgen der mir nichts gutes will. Also bewegen sie ih-
ren Arsch in Richtung Süden und kontrollieren sie andere Opfer.
Na gut dann kriegen sie es auf die harte tour zu verstehen sprach
der Polizist. Der polizist holte einen Schlagstock aus seinem Gür-
tel. Fahr los Martin versuch ich ja aber der abgefuckte Motor
springt nicht an. Was machen wir jetzt ich weiß nicht warte ich
habe eine Idee. Also gut wenn ihr nicht wollt dann hol ich halt
euch hier raus und er schlug mit dem Schlagstock Gegen die Au-
toscheibe. Sie splitterte und der Motor sprang an klasse Martin
ich wusste ich kann mich drauf verlassen sagte Simon zu ihm.
Guck dir den mal an und simon lachte der denkt der kriegt uns
aber er kriegt uns eben doch nicht wie denn auch sagte Martin
wir sind in überzahl. Ach du mein schreck ich glaube wir waren
in Überzahl guck mal was die jetzt machen die Verfolgen uns
doch das schien für Martin kein problem denn er drückte das
Gaspedal in Richtung Freiheit

Nächster Teil

Es ist so das ich nicht weiß was ich gerade mache doch ist es
kein Problem nein. Es ist vielmehr eine Idee die sich in mir ent-
wickelt und ich weiß das es einen nutzen hat. Ich möchte besser
werden doch die frage ist wie wird man besser darauf gibt es eine
einfache Antwort einfach tun und machen es ist wie eine Frucht
die reifen muss dies sind die ersten Zeilen in denen ich versuche
mich zu bessern ich habe mir vorgenommen besser zu sein und
immer besser zu werden das ist meine Devise und ich weiß das
ich das schaffen kann so habe ich mich zum Beispiel heute am fr
den 12. Januar hingesetzt und einfach diese Zeilen geschrieben
und begonnen mein leben zu verändern ich will einfach wissen
ob das auch anhält und um dem gerecht zu werden habe ich mir
vorgenommen das zu dokumentieren oder einfach eine Geschich-
te zu beginnen und um besser zu werden ich hoffe das klappt ich
gebe zumindest nicht auf das ist voll cool und ich werde mich
entwickeln und ein Zeichen setzen und habe gerade damit be-
gonnen. So stelle ich mir jetzt die frage was ich machen soll. Und
über was schreiben. Nehmen wir die Gerechtigkeit. Es ist wichtig
in unserem leben Akzente zu setzen und sich gerecht für den
Mitmenschen einzusetzen und das ist dann auch voll gut. Neh-
men wir an das ist hier die frage. Schaffen nehmen wir das Wort
wenn man es näher betrachtet scheint es nicht so spektakulär zu
sein doch in seiner Einfachheit hat das Wort schaffen einen tiefe-
ren sinn ich schaffe das das ist doch eine motivierende rede man
kann sich auch Kleinreden das habe ich mitbekommen also wenn
ich sage das kann ich nicht schaffen und was kommt dabei raus
na klar das ich es eben nicht schaffe doch das ist nicht mein an-
trieb ich will besser werden also schaffe ich es und das ist wich-
tig. Nehme ich mir beispielsweise vor das Zimmer in Ordnung zu
halten ist das meine Realität und ich muss damit klarkommen
und das kann auch interessant sein ich gehe davon aus das ich
dieses ziel erreiche möchte es auch noch so klein sein das ziel ich
werde wissen das ich es erreichen werde. Bleiben wir doch dabei.
Interesse ja genau Interesse. Wofür mache ich das das ist eine
wichtige frage für mich oder die Gesellschaft ja oder nein im
Endeffekt mach ich das für mich um mich zu reflektieren ist es
wichtig das Aufzuschreiben. Mir stellt sich jetzt die frage ob ich
dranbleibe oder nicht. Das ist richtig oder nicht des Weiteren ist
es mir wichtig ziele zu setzen und diese zu verfolgen um ein

glückliches leben zu leben. Bekanntermaßen ist es besser sich
mit Inhalten über ein Thema sich auseinnanderzusetzen und das
mit gekonntem kalkül also mit einem gewissem maß an Leich-
tigkeit. Ist das leben nicht leicht so kommen die Herausforderun-
gen von ganz alleine und man wird zwangsläufig ein mann des
Wortes und der Handlung. So handle ich im sinne von mir. Oder
im sinne der Gesellschaft. Wer sich selbst vergisst hat schon ver-
loren und ist ein obsoleter Gewinner also ob du ein gewissen hast
oder nicht es ist wichtig zu wissen wofür mache ich das. Und das
bildet die handlungsoffensive im tun wo werde ich ein Macher
und glaube an mich.
Mein nächster Punkt ist die Literatur. Wie entstehen texte ganz
einfach im kopf. Text oder nicht. Immer eine gewisse Perspektive
offen halten und je mehr man schreibt desto besser wird man.
Gut ist der der gutes tut. Also tu ich das was gut ist doch was ist
gut genau um das herauszufinden habe ich meine challenge ge-
setzt und schreibe auf was mir in den sinn kommt.
Nehmen wir an es gibt im Moment keine Perspektive für mich
als erst einmal hier in der Einrichtung zu bleiben das sollte ich
ich nicht riskieren ich muss einfach besser werden und ein geeig-
netes ziel verfolgen.

Um mich besser zu verstehen. Versteht es sich von selbst. Ohne
zu verweigern den Moment
Belasse ich es nicht dem Zufall. Nein viel besser. Ich verlasse
mich auf die Intuition.
Intuition ist die art Verhaltensweisen oder Momente vorauszuah-
nen.
Eine Ahnung zu haben ist dem gleichzusetzen auch mal keine
Ahnung zu haben. So oder so wie man auch das Blatt wendet.
Das ziel ist das gleiche. Wer es nicht weiß kann sich das auch
nicht so vorstellen doch jedoch irgendwie schon. Im Fluss zu
bleiben. Im sogenannten Sprachfluss. Auch mit dem wenn und
ach das zu sagen was bleibt. Die kür, ja die kür. Erreicht durch
das Konzept das neu entdeckt werden möchte. Noch mal zum
Anfang. Im slum der Worte entstehen aussagende texte. Sie sug-
gerieren einen Inhalt. Mag sein. Und es ist so. Kurzum die waage
die geeichte waage. Im sortiment die bestimmt und vermeidet.
Ein einfaches Wort das heilt oder das Akzente setzt. Ohne zu
bleichen. Also den wert zu verfinstern. Sagte ich verfinstern?
Verdunkeln trifft es besser. In jedem Moment und zu jeder Zeit.

Bleibt die Vermutung das zu sagen was wichtig ist. Das Thema, es fließt wie von selbst. Bleibt es doch in unseren herzen. Die herzen sollten leuchten und uns leiten. Doch was ist los wenn ich meinen verstand einsetze. Fehler vorprogrammiert und ja gewiss es bleibt, vergeht nicht. Die intuition. Antriebsfeder an uns. Ein Zeichen zu setzen. Einen Inhalt zu schaffen. In jeder hinsicht. So bleibt offen wer offen bleibt. Ist das nicht zuviel des guten um dem wie und warum ein Zeichen zu setzen. Psychosen über psychosen. So leitete mich die angst durch mein wesen. Doch stop. Ich sage nein zu diesem Konzept das ich nicht zu verstehen glaube. So sagt man denken schadet nicht. Und die falsch gesetzten Zeichen kurzum Worte bleiben in unserem Gedächtnis haften. Eine Therapie hilft wenn sie zu helfen weiß. Und sie sich nicht entzieht. Also das gemeinte nicht in Vergessenheit gerät. So glaube ich an die Wirkung der Medizin mit oder ohne dem Aufgebot. Was Ärzte sagen sagt mir nichts. Doch was menschen sagen sagt mehr aus was mich beruhigt. Es gibt die schönen Dinge des Lebens an denen wir wachsen. Wir wachsen an Menschlichkeit und werten verbessern unser tun. In diesem ausmaß gelingt es zu lieben. Was andere vorher nicht hatten wird jetzt wahr. Die Wahrheit sagt aus was ein mensch meint und wie er dinge sieht. Nicht nur Optik hat es in sich sind es nicht die werte die etwas schön erscheinen lassen. Ja und ob es so ist oder nicht. Eins sei gesagt es gibt sie die wahren werte. Sie erzählen von menschlichkeit und Humor dem wir zuvorkommen indem wir ihn verstehen.

Von der Geduld

Warten wir. Oder besser gesagt warte mit mir. Das Ergebnis des Wartens zeigt sich in einer Sache. In der Sache des Seins. Was hat das zu bedeuten. Ganz einfach, wir hoffen darauf das uns das warten leicht fällt. Ist das bekanntermaßen nicht immer so. Kurz, ein Beispiel. Verändern wir uns wenn wir uns nicht verändern. Vielleicht nur für kurze Zeit. Doch warte mal, ist es nicht so das wir alle bestimmt sind unsere Bestimmung zu finden. In meinem Fall kann ich eins sagen. Die bekannten Fehler die ich machte in der Vergangenheit sagen nur eins. Es gibt Hoffnung, auch für dich. Fragen wir uns eine Sache. Gibst du auf bist du unzufrieden? Wenn ja gib eben nicht auf. Auch wenn du nichts hast du was. Es ist dein Wille. Ich weiß nur eine Sache, doch das was ich

weiß hat mich vieles gelehrt. Das der Ton der die Musik macht.
Sind wir freundlich zu anderen bekommen wir das nicht immer
zurück. Warum sage ich das? Um die Angst in uns zu besiegen.
Sie zu besiegen ist manchmal nicht leicht. Aber es geht. Und das
geht nur weil wir wollen. Kurzum Geduld ist alles. Finde sie und
gib bitte nicht auf…

Sprich und entsende Glück

Das Glück ist gut vor allem wenn wir es haben. Nicht jeder
macht gebrauch von ihm. Doch das ist nicht immer so. denn die
aufgabe besteht darin Welten zu erschaffen die wir verstehen
können. So ist es wichtig uns zu verstehen. Es ist nicht immer
leicht das zu sagen was ich meine. Ich meine das es viel ist was
uns bestimmt. Und woran wir glauben ist eine Sache die uns ge-
meinsam ist. Es ist die eine Sache es ist das leben selbst. Und das
zeichnet uns aus. Tun wir das was wir für richtig erachten so
glaube ich an die Zukunft die was besonderes ist und in der wir
alle leben werden. Die Zukunft zeigt uns all das was wir wollen
doch können wir das nicht immer erreichen aber kein Grund auf-
zugeben das leben spielt mit mit all seinen Fassetten und den
dringlichkeiten die uns belasten und mit denen wir umzugehen
wissen. Das gute ist das es regeln gibt die wir verstehen. Ich ver-
stehe die Regel in der sprache so das sie mich weiterbringt und
auf jeden fall uns hilft uns untereinander zu verstehen. Ja das
Konzept ist der glaube der mir geholfen hat ich lag am Boden
und stand wieder auf der glaube daran hat mir geholfen und ich
wusste nur eins der glaube ist das eine der Wille das andere. Alles
in allem habe ich mich entschieden etwas zu bewegen und das tut
mir gut. Wenn ich stabil bin ist auch die Umgebung um mich
herum stabil und das wünsche ich mir für das weitere leben. Sta-
bilität

…Beginn zur Themenfindung zum Young Storyteller Award
2024 und einige Skizzen zu meinem Werk in die ich reinschauen
lasse.

Extra für euch…

Es. Was sagtest du zu mir? Es wird schon werden? Neiiiin und was jetzt. Sie ist tot. Keiner und auch wirklich keiner kann das ändern. Hey warte mal was machst du da? Was, schon scheint sanft und mutig nicht angebracht zu sein? Ich könnte wenn ich wollte alles aber auch alles in die Luft jagen. Beruhige dich Sam alles was du tust hat Konsequenzen und wird aufgezeichnet.

Kurze Beschreibung: Ort Gefängnis. Grund schwierige Geschichte darüber später mehr.
Was macht ihr da? Und warum schaut ihr weg? Was ich…..und wegschauen? Ich erhebe mahnend die Hand und blicke in Richtung meines Mitgefangenen. Was du tust ist nicht richtig. Und? Wen interessiert das? Etwa dich? Dem der auch im Gefängnis sitzt? Er setzte sich aufrecht Schultern angespannt. Und die Mundwinkel zeigten ein behäbiges Lächeln. Er lachte ausgiebig über meine Bemerkung. Weißt du überhaupt wer du bist? Ja tatsächlich antwortete ich. Ein Mensch. Nicht übel.

Ich brauche dich nicht mehr. Alles was ich dir zu verdanken habe ist dein behäbiges Lächeln und die Turnschuhe von deinem Vater. Was Solls es ist vorbei und ich halte es für sinnvoll meinen Weg alleine zu gehen. Okay, ich packte meinen Koffer und verschwand schweigend.

Die nächste Haltestelle

Was war das für ein Kerl ich hab es ihm richtig gezeigt. Na ja wenn er glaubt er könne sich das erlauben. Und plötzlich wackelte der ganze Bus. Alles war still. Ich war in einem Raum der jenseits meiner Vorstellungskraft lag. Ach du meine Güte und ich dachte ich hab mein Asthmaspray vergessen. Was Solls. Und es ruckelte gewaltig. Alles war so leicht. Du bist nicht sicher Sam. Ich schaute mich um. Überall Süßigkeiten Torten und gewaltige rote Rutschen ich fühlte mich angezogen und ein süßlicher Mandelduft lag in der Luft. Ich befand mich in einer Traumwelt. War das noch die Realität oder etwa nicht? Ich wusste es nicht.

Nächste Idee

Es sitzen Leute am Tisch und es stoßen immer wieder neue dazu.
Es ist bayrische Stimmung angesagt, zumindest eine kleine Reise
des bayrischen Dialekts, muss ich irgendwann aufgeschnappt
haben.

**…Grieß di. ja servus. Is oiwoi was passiert? Ja heili i hops
dem ja gsagt und was is jetzt? …**

Nächster teil

Es ist so als würde man durchwatten und das ziel verfehlen eine
Nachricht jagt die andere jede einzelne Nachricht sprudelt und
sprudelt es ist ein enormer sog der mir durch die kehle geht es
geht von oben herab und erwischt mich mit kaltem Wasser. Die
spitze ragt über das eigentliche hinaus es ist so als würde ich
mich gerade verlieben und nur so teilt sich die Gewissheit mit
einem Trostpflaster das den bestiegenen Berg porträtiert ohne das
gewissen zu verfehlen.

Inhalt des Buches

Es war einmal ein mann der durch die Straßen zog. Er verlief
sich im Wald und wusste nicht mehr weiter und deshalb bestritt
er zu sagen was Sache war.
Die Mühen der zeit haben sich nicht entzweit sie haben nicht ge-
wusst welchem mal sie durch die Lappen gehen würden. Und
zwar nie.

Nächster teil

Die Zeiten lohnen sich wenn sie nicht wie geplant vonstatten ge-
hen und sie sind auch dafür bekannt das beste zu zeigen kommt
zugegen die Hits der zeit um der versuchung nicht zu widerste-
hen die in sich gepackt ein neues Erlebnis bezeugen. Von mir aus
gelingt der tag in einer neuen art und weise wie sie sich noch nie
gezeigt haben es gibt sie die besonderen Zeiten in denen alles
still steht und auch sich alles dreht

Von den Verzückungen des Lebens in trostlosen Zügen nie ver-
gebens zeichnet sich die art der Gezeiten die alle in sich geboren
scheinen ja wie das geht das geht einfach und ist auch gut jeder
kann dazu beitragen und sich wohlfühlen

Nächster teil

Der Vogelflug

Ein einziger Punkt. Ein Punkt am Himmel den ich sehe gekenn-
zeichnet vom düsteren Erleben am Himmel. Ich höre das Rau-
schen des Wassers in meiner Flasche während ich trinkend auf
das Firmament blicke. Wie ein Zeichen am Himmel das ich sehe
von dem mächtigen Vogelflug.
Es liegt ein ausgezeichneter Ruf in der Stadt.

Es gibt die Wahrheit an die ich immer glaube. Das ist der Weg zu
einem besseren Leben.
Dic Wahrhcit licgt in dcr unumkchrbaren Vernunft der Dinge.

Nächster teil

Therapeutisches Schreiben

Alles zu gegebener Zeit. Die Zeit lässt sich bis auf das erste Jahrhundert zurückdatieren. Es geschahen schreckliche Dinge. Die Welt lag im Aufbruch. Die Leute wussten nicht was um sie herum geschah. Da blieb nur eine spannende Sache übrig die die Leute ansprachen. Es war die Arbeit. Die Menschen hatten keine Arbeit mehr und waren auf sich gestellt. Jeder wollte für seine Familie sorgen doch das war nicht leicht. Sie befanden sich in der Zeit 100 nach Christi Geburt. Die Menschen lebten in Lehmhäusern und mussten mit dem nötigsten auskommen. Es gab Philosophen die sich an die Lehre Christi nicht halten wollten sie hatten eine Fähigkeit gemein. Es war die Gabe des Unbewussten. Sie fanden keine gleichgestellten Menschen von denen sie verstanden wurden. So zogen sie sich zurück und lebten in Einsamkeit die jedoch nicht als solche aufgenommen wurde. Denn die jungen Denker verfügen über die Fähigkeit Dialoge zu erfinden und mit ihnen im Austausch zu bleiben.

Das Portal vor mir mit Linien die oben anfingen und immer weiter nach unten zu verlaufen schienen aus Stein. Das Tor selbst aus Holz

Das Verließ

Nächster teil

Es ergibt einen Sinn der in mir wohnt ohne Sinn zu sein. Doch
was ist der Sinn, fragte ich mich nach einiger Zeit. Wie ein Vir-
tuose pflege ich den Gedanken zu zelebrieren ohne ein Wort zu
vergessen. Doch ist das schon eine weltbewegende Tat den Buch-
staben von A nach B zu hetzen um dann nur zu sagen das ist
Sinnhaftigkeit? Von wegen das ist leicht den sinn dahinter zu fin-
den mit zirkusartistischen wortgefügen komme ich auch nicht
weiter. Also tu ich das was man nun mal macht in der Situation
der höchsten Kreativität. Einen Absprung zu machen dieser text
entspringt aus dem gen von meinem vorherigen willkürlichen
versuchen einen text auf teufel komm raus zu machen und ja das
macht sinn zum ersten mal freue ich mich darüber das sinn nicht
schwer sein muss sondern auch locker flockig sein kann. Auch
für dich.

Es gibt sie die klänge die man hört und wahrnimmt egal ob mu-
sikalisch umrahmt. Von einer spielenden Gitarre oder einer flöte
die Musik ist nic glcich und auch das leben ist nie gleich. Sodann
mache ich mich auf um das leben zu erkunden mit seinen majes-
tätischen höhen und tiefen in dem raunen der zeit. Auch die tägli-
che Alltagsmelodie stammt aus lauten die wir von uns geben so
wünschen wir ein fulminantes Konzert aus orchestralen Zügen .
Anders gemeint Musik verbindet und schafft werte auch wenn
mir mein Abitur oder besser gesagt mein fast Abitur nicht weiter-
hilft was weiterhilft ist die liebe zu meinen freunden den a es
Wurscht is was i mach auf positiven sinne gemeint natürlich es
swar so schwer doch auch ein lächeln kann leicht sein so denke
ich zumindest sodann einen wohligen Abend euch.

Worte

Entspringen aus dem gedanken
Sind frei
Lösen spannungen
Wählt man mit bedacht

Wir wenden sie jeden tag an. Schreiben mit ihnen malerische
texte

Von fahlen gefilden umgarnt zu wissen erhoffen wir den tägli-
chen Trost
Steter tropfen höhlt den stein so ein Sprichwort doch auch in
konfliktsituationen werden Bandagen angelegt da wird deutlich
dass die Chemie nicht stimmt oder wir uns mit allen Mitteln
durchsetzen wollen

Nächster teil

Ich sitze da und denke an nichts. Doch warum ist das so? Kann
man eigentlich an Nichts denken? Ich glaube wenn ich an Nichts
denke, denke ich trotzdem. Meine Ansicht ist das man gar nicht
an nichts denken kann. Kurzum unsere Gedanken prägen unsere
Zukunft. Was wir heute denken kann morgen Wirklichkeit wer-
den. Wenn ich heute denke das schaffe ich nicht, dann sollte ich
schnellstens umdenken. Denn jeder kann es schaffen. Damit wir
es schaffen müssen wir an uns glauben. Wer nicht an sich glaubt

hat schon verloren. Wir brauchen jemanden der uns Mut zuspricht und an uns glaubt. Denn dadurch erreichen wir unsere Ziele. Mein Ziel ist es einen Beruf zu erlernen. Deshalb sollte ich mir Gedanken machen welchen Beruf ich denn machen möchte. Um das zu wissen sollte ich wissen was sind denn überhaupt meine Fähigkeiten. Wenn ich das weiß finde ich auch einen Beruf der zu mir passt.

Da stellt sich mir die Frage was kann ich. Ich weiß dass ich vielseitig begabt bin. Mir gefällt Sport. Mir gefällt auch Musik. Und im Glauben an Gott bin ich auch interessiert und engagiert. Ich telefoniere gerne und kommuniziere auch gerne in meinem Umfeld. Wenn ich weiß was ich möchte ist es leicht herauszufinden was ich beruflich machen kann. Ich möchte auf jeden Fall hier und da mit Menschen zusammenarbeiten. Zumindest finde ich es schön eine Arbeitsumgebung anzutreffen in dem die Chemie stimmt. Die Leute sollten nett sein. Natürlich ist es auch normal wenn man mal streitet. Man findet jedoch immer eine Lösung. Wenn etwas nicht stimmt ist es hilfreich die ein oder andere Frage zu stellen. Es tun sich viele Fragen im Leben auf. Zum Beispiel wo möchte ich hin was sind meine Ziele. Wie kann ich das erreichen was ich mir vorgenommen habe. Diesen Fragen möchte ich nachgehen. Ich möchte eines Tages im Leben stehen und am Ende sagen: Ich fand mein Leben Wunderbar und habe es auch bis in die tiefsten Atemzüge gelebt. Jeder möchte das einmal sagen. Doch die Frage ist wie lebe ich mein leben richtig gibt es da ein Patentrezept? Nein, das glaube ich nicht. Es gibt Höhen und Tiefen die wir durchmachen. Und genau deswegen hat jeder mit sich selbst zu kämpfen. Natürlich können wir den ein oder anderen in seiner Verwirklichung unterstützen. Wir müssen das nur richtig anstellen. Freunde können dabei eine große Stütze sein bei der Verwirklichung dieses Konzepts. Nehmen wir unser Leben in die Hand und machen das Beste draus. Jedes Ziel beginnt mit dem ersten Schritt.
Also fangen wir an damit!!

Hier eine zahl, eine auszahlende und nicht beliebige zahl an Gedichten die aufmuntern und uns existieren lassen.

Für die besonderen Momente in unserem Leben.

1. Die Zeitenwende

Die Zeit in den goldenen Steinen
verbirgt das Licht
Ikonische Schatten werfen sie voraus
Auf ein Blatt Papier
Während der Schwur leuchtend
Den tanz ansagt
Könnte es ein Moment sein?
Der verbindet
Oder die zeit die verblasst
Indem der Leuchter
Dir den richtigen Weg verewigt?
…du sagst es…

1

Der faszinierende Blick

Wundernd rieselt der Wind lau über mein Gesicht.
Der Wind der mit seiner Brise meinen Atem beben lässt.
durchaus gekonnt
das Spiel zwischen Klang und Farben
ein schöner Anreiz den die Natur mir verleiht
das einzig wahre Gefühl des selbstbestimmten Ichs das nur
darauf wartet
gehört und gesehen zu werden, wie ein unbekanntes Thea-
terstück
welches uraufgeführt Spannung in sich trägt
um dem Faszinosum des Publikums nicht zu entgehen

2

Sonnenreife
Der Bus fährt weg am Tage an dem die Sonne sticht
Das Gelb findet sich im Asphalt wieder
und jetzt erst erkenne ich
den Ehrenpreis
des Wollens
doch was will ich eigentlich damit bezwecken
etwas entdecken das um mich rührt
Ja ich mach es
um meiner Seele willen
Wind
Stein für Stein
bist dem Wasser trotzend ihm überstellt
Woge für Woge
peitscht das Meer der Brandung hin
Sturm für Sturm
ziehst du vorüber

4

Blütezeit
Das Knospenmeer in sich getragen
nicht verwundbar im Rosengarten

Das Leben
Aufblühend
dem Wind entgegen
entgegnend dem Geschehen
verweile ich auf meine
Art des Denkens

5

Die Strömung
Ein Wellengang am See
spiegelt meine Seele wieder
die Hymnen unsere Lieder
und die Seemannsleute folgen dir nach
mit dem schaukelndem schiffsich verfangend im Frühlings-
wind
weißer Dunst sich aus dem Blau des Meeres sich erhebt
hält er doch die ganze Umgebung in zauberhaftem weiß
und scheint jedem die Entfernung weit
der weg nie aufhören wollend
so verfängt sich der Nebel in höhere lüfte

6

aus reinem herzen
glüht ein Leuchtsignal
nach all den Schmerzen
zerrinnt die angst im Tal
was jetzt mal war
verhallt zum Vogelruf

7

mächtiges Feuerzeichen
das aus der ferne ruft

das aus der ferne ruft
vom Basalt getroffen
schickend in die zeit
hab ich Wohlgefallen gefunden
stimmgewaltiges Fernweh
treibt mich zu dir
die Morgenröte sehend
blicke ich in den Horizont
der gleisend am Himmelszelt
gesehen dort untergeht
Zauberblume des Frühlings
Große glitzernde Kreise
ziehen am See vorbei
das Rauschen des Wassers
ist leise an den ufern zu vernehmen
ein Dunstschleier
sich majestätisch erhebt
eine Blume auf dem Wasser
tanzend sich umkreist
es ist Tag und die Heimkehrer
der Südsee nehmen Platz
vom Basalt getroffen
schickend in die zeit
hab ich Wohlgefallen gefunden
stimmgewaltiges Fernweh
treibt mich zu dir
die Morgenröte sehend
blicke ich in den Horizont
der gleisend am Himmelszelt
gesehen dort untergeht
Zauberblume des Frühlings
Große glitzernde Kreise
ziehen am See vorbei
das Rauschen des Wassers
ist leise an den ufern zu vernehmen

ein Dunstschleier
sich majestätisch erhebt
eine Blume auf dem Wasser
tanzend sich umkreist
es ist Tag und die Heimkehrer
der Südsee nehmen Platz

…Das ist mein Lieblingsgedicht und ist druckfrisch für euch in diesem Buch verpackt genießt es und lehnt euch zurück meine freunde. Entspannt euch und lasst es auf euch wirken…

<u>Im Fluss</u>

Zart
zerfließt ein Lippenhauch

An den Orten des Lichts
Um die gekühlte Geduld schönzureden

Wie ein perfekter Schwur
Zum Ururenkel hin.

Es zeigt dürstende Nachahmer
Die Urväter Werdens danken

<u>Vom Heimweh</u>

Argwohn im Blick, in ihrem saphirblauen
tut sich kund das Leid zu stoßen
wird wie ein Schweif in ihren Augen
das einzige blinzelnde Hoffen
in ihre Gegenwart geschwenkt
von fern und auch von nah

Ziehen in brütenden wehen
Gezauberte Gesänge von weit
In die innersten gefilde

Schmerzt wie ein Garn
Umweht von sonnigen küssen
Verbreitet stoßende gebete

In feuerstürmenden gedanken
Und lieblich tuenden quellenden Güssen
Wie von den zähen Gebirgsketten
Ummantelnder Zügigkeit
Angedachten dingen der zeit
So wacht auch im Laub
Die eingeigelten Gedanken
In einer zauberhaften gewellten Zukunft

Die losgelöst im verbleibenden Genuss
Sich erbietet in ihrer Gunst
Und den gekonnten geist erweckt
So zart auch die Melodie schmeckt
Und sich verfeinert
Sodas sich die leben zerkleinern
In ihren wehen der zeit

Vom anklang der stürmenden Gewalten
Zutage in den zeitigen stoß
Ergibt sich bei den Leuten ein erinnerndes getrost
Von wem auch immer gesonnen

In den Welten des seins
So belobigt die zeit
In ihren engsten Erwartungen
Und hofft sich soweit
Zu trauen in den Gefilden
Zu Besserer zeit

Doch wird sich in den Augen derer
Sich zeigen zumal
Ohne wiederzukehren und Hoffnung und Qual
Wie bewährt sich zeigt zugegen der Ort
So beschwert sich die Welt
Ohne zanken im lohn
So vergeben die Gedanken